L654678

HISTOIRE

DES GÉNÉRAUX MORTS ET BLESSÉS

Dans les Combats de l'Insurrection du mois de juin.

Le général Négrier.

HISTOIRE

DES

GÉNÉRAUX MORTS

ET BLESSÉS

DANS LES COMBATS DE

L'INSURRECTION DU MOIS DE JUIN

PARIS,

LIBRAIRIE POPULAIRE DES VILLES ET DES CAMPAGNES,

RUE DES MAÇONS-SORBONNE, 17.

1848.

Poissy. — Imp. de G. Olivier.

HISTOIRE

DES

GÉNÉRAUX MORTS ET BLESSÉS

Dans les combats de l'insurrection du mois de Juin.

GÉNÉRAUX MORTS.

Aucune des grandes batailles de la République et de l'Empire, hormis la bataille de la Moskowa, la plus sanglante des temps modernes, ne vit périr ou tomber hors de combat plus de généraux, plus d'officiers de marque que les quatre journées de Paris ; aucune ne remplit la France de plus de consternation et de deuil.

Parmi les pertes que la patrie déplore, on a compté les généraux Négrier, de Bréa, Regnault, Bourgon et Duvivier, tués ou blessés mortellement. Les généraux de division Bedeau, Foucher, Lafontaine, les généraux de brigade François, Korte et Damesme, ont été blessés.

Ainsi il y a eu cinq généraux tués ou morts de leurs blessures et six blessés ; un de ces derniers, le brave Damesme, a été amputé. En tout onze officiers généraux atteints par les balles des factieux.

Il n'est donc que trop vrai qu'à aucune de ces grandes batailles où des armées se heurtèrent se foudroyèrent sur d'immenses lignes stratégiques, il n'y eut aussi grand nombre d'officiers mis hors de combat. La raison en est simple : dans ces combats de rues, contre de ennemis à couvert, qu'il fallait déloger de leur milliers d'embuscades, tous les généraux durent être les premiers soldats des braves troupes qu'ils avaient à conduire à l'assaut des barricades,

Le général Négrier.

C'est en voulant arrêter l'effusion du sang, c'est en portant des paroles de paix aux insurgés qui viennent d'ensanglanter Paris, que Négriers est tombé percé de trois balles mortelles.

Négrier, dont nous allons retracer rapidement la vie militaire, était né au Mans, le 27 avril 1788. Sa famille le destinait à la diplomatie. Mais l'amour de la gloire qui l'emflamma comme tant d'autres, le récit des premières grandes batailles de l'empire, le jetèrent, malgré les résistances de ses parents, dans la carrière des armes. Il avait dix-sept ans, quand il courut, échappé du collége, prendre le sac et le fusil dans le 2º régiment d'infanterie légère.

Sa première étape l'achemina vers les murs de Dantzig ; ce fut au siége de Hameln, en 1806, qu'il débuta. Il s'y distingua, ainsi qu'au siége de Dantzig. Fait successivement, de simple soldat qu'il était parti, caporal, fourrier et sergent, un an plus tard, sa bravoure, déjà constatée dans son régiment, le faisait remarquer à la bataille de Friedland, et lui méritait la croix de la Légion-d'Honneur, qu'il reçut des mains de l'empereur sur le champ de bataille. Il était alors sergent et n'avait que dix-huit ans.

Sous-lieutenant le 5 juillet 1808, lieutenant le 13 novembre de la même année, capitaine le 31 juillet 1811, il avait conquis chacun de ces grades sur le champ de bataille, dans les journées mémorables de la Péninsule, où la France eut à lutter contre les armées combinées de l'Espagne et de l'Angleterre. Rentré d'Espagne en 1813, avec le grade de chef de bataillon, et toujours dans le même régiment, il fit en France cette campagne de 1814 que l'empereur comparaît à ses plus belles campagnes d'Italie.

Dans cette lutte active, où chaque jour marquait un combat, où chaque combat était une bataille, le jeune commandant Négrier grandit la réputation qu'il avait déjà; il s'illustra d'une manière toute particulière à l'affaire de Méry. Quinze jours après, prévenu par son colonel que le maréchal Ney l'a choisi seul parmi les plus braves, pour enlever la position de Chivry qu'occupaient les Russes avec des forces considérables et de l'artillerie, instruit en même temps que la mission qu'on lui confie est des plus périlleuses, il répond ces seuls mots : « A demain, mon co-
» lonel, je serai tué ou j'aurai la croix d'officier. »

Le lendemain, le maréchal Ney lui attachait la croix d'officier sur la poitrine.

Le jeune Négrier, avec cinq compagnies de son bataillon, était tombé sur 2,000 Russes, qu'il avait tués ou fait prisonniers. Etonné de cette intrépidité, dans un chef de bataillon de 25 ans, le maréchal Ney ne le croyait pas assez récompensé par la croix d'officier de la Légion d'Honneur ; il le serra dans ses bras devant le front de son régiment, et obtint de l'empereur vingt-cinq croix que le commandant de l'expédition avait demandées pour ses soldats.

La campagne de 1815 s'ouvrit un an plus tard ; ce fut le dernier grand effort de l'empire contre les armées coalisées de toute l'Europe. Le commandant Négrier, à la tête d'un bataillon du 2e régiment d'infanterie légère, prit part à la bataille de Waterloo en soldat décidé à se faire tuer ou à voir l'armée française victorieuse. Frappé de cinq coups de feu, dont un des plus graves à travers la mâchoire, ayant eu deux chevaux tués sous lui, il ne quitta le champ de bataille que lorsque, tombé sans mouvement, ses soldats purent l'arracher malgré lui du lieu où il avait combattu.

Retiré avec l'armée sur les bords de la Loire, il suivit le sort de ses malheureux frères d'armes. Il fut licencié, puis placé comme chef de bataillon dans la légion de Lot-et-Garonne. Pendant douze ans, la Restauration le laissa dans ce grade qu'il avait obtenu à l'âge de 24 ans. Ce furent douze années de douleur dues à son culte pour l'empereur. Vainement demanda-t-il à faire la campagne de 1829, en Morée, et de 1830 en Afrique. Ces sortes d'honneurs étaient le partage des favoris de la Restauration. Il fut condamné à l'inaction.

Fait colonel après les journées de juillet 1830, il devint maréchal-de-camp en 1836, et obtint de passer en Algérie, où il prit le commandement d'une brigade active, chargée de soumettre une tribu de la Mitidja. En 1837, il supplia le gouverneur général de lui permettre de faire l'expédition de Constantine, que celui-ci devait commander en personne. Le général Damrémont crut faire mieux pour les intérêts de la colonie, en lui laissant le commandement par *interim* de l'Algérie, pendant que lui-même marchait sur Constantine. Il partit tranquille, dit sa correspondance, parce qu'il laissait derrière lui le général Négrier. L'expédition terminée, la ville de Constantine prise, ce fut le général Négrier qui fut appelé à y commander. Avec 3,000 hommes de troupes à peine, il soumit les tribus voisines et rattacha à la place de Constantine toute une grande province. Après plus de quatre ans d'un commandement difficile, il y gagna le grade de lieutenant-général, qui lui fut donné en 1842.

Le général Négrier avait une belle âme, et son cœur, toujours ouvert aux généreux sentiments, s'attendrissait aisément jusqu'aux larmes. Au milieu de sa carrière militaire, si sévèrement remplie; il ne put résister à la joie de produire le bien chaque fois qu'il en put saisir l'occasion. On en pourrait citer de nombreux témoignages. L'amitié sincère fut portée chez lui à un haut degré ; bon, simple comme l'enfant, cet homme si terrible à ses ennemis s'abandonnait à l'aménité la plus franche en dehors de la rigidité de ses fonctions. Pour celles-ci, il ne les séparait pas de la dignité de sa personne, car il savait que pour commander aux autres avec autorité, une vie irréprochable est le meilleur talisman, le prestige le plus sûr. L'équité fut sa règle ; l'amour de la patrie, celle de la gloire lui firent faire des prodiges de valeur. Ses divers commandements n'ont été pour lui que l'accomplissement d'un devoir. Juste envers le soldat, étendant sur lui une sollicitude de père, il en était aimé. Ami de l'ordre partout, décidé à le défendre jusqu'à la mort, le département du Nord, dont il avait l'estime et les sympathies, l'envoya à l'Assemblée nationale ; c'était lui ouvrir un nouveau champ d'honneur : il y est tombé en brave, et le pays entier s'est ému de sa perte.

L'épouse du général Négrier, comme veuve d'un général de division, n'avait droit qu'à une modique pension de 1,500 fr.

Il laisse deux enfants : une fille mariée, un fils âgé de dix-neuf ans.

L'Assemblée nationale a rendu le décret suivant :

Art. 1ᵉʳ. Le cœur du général Négrier sera déposé aux Invalides, et son corps remis à la ville de Lille qui le réclame.

Art. 2. Le fils du général Négrier, enrôlé volontaire au 7ᵉ léger, et ayant déjà passé plusieurs examens pour Saint-Cyr, est nommé sous-lieutenant.

Art. 3. Une pension de 3,000 fr., reversible par moitié sur la tête de chacun de ses deux enfants, est accordée à madame veuve Négrier, à titre de récompense nationale.

Art. 4. Cette pension pourra se cumuler avec la pension de retraite à laquelle madame Négrier a droit comme veuve d'un général de division, mort en combattant pour le service de la République.

Justes compensations données aux héritiers de l'infortuné général.

Le général de Bréa.

Le général de Bréa n'était point, comme son nom aurait pu le faire supposer, un homme de l'émigration ; soldat de l'ancienne armée, c'est sur les champs de bataille qu'il a gagné ses grades et ses décorations.

Né en 1790, placé dès l'âge de dix ans au Lycée impérial, où il fit ses études, il n'en sortit que pour entrer à l'École militaire, le 10 novembre 1806.

Il a fait les campagnes de 1807, 1808, 1809, 1810, 1811, dans les Calabres; celles de 1812, 1813, 1814, 1815, 1823 et 1832, à la Grande-Armée, en Russie, en Prusse, en Saxe, en Espagne, en Belgique.

Le 16 octobre 1813, à la prise de la redoute suédoise, en avant de Holsausen, M. le lieutenant-général comte Charpentier, commandant la 36e division, détacha la croix qu'il portait sur sa poitrine et la lui remit en signe de satisfaction. Ce fait s'est passé devant toute la division formée en colonne, et en présence de MM. les généraux, barons Meunier et Charras, qui, comme M. le comte Charpentier, habitent aujourd'hui Paris.

Le 19 octobre, trois jours après la prise de cette redoute, il fut blessé de deux coups de feu et laissé sur le champ de bataille de Leipsick. Le 16 juin 1815, aux Quatre-Bras (l'avant-veille de la bataille de Waterloo, où il s'est également trouvé), il chargea, à la tête de 140 carabiniers, un bataillon d'Ecossais; et, dans cette action, 42 de ses carabiniers furent mis hors de combat, ainsi que deux de ses officiers : M. Combescure, mort de sa blessure, et M. le vicomte de Cassy, qui eut la cuisse traversée.

M. de Bréa reçut de la Restauration la croix de Saint-Louis, et fut nommé, en 1828, rapporteur du conseil de guerre. Pendant le combat des Trois-Jours, sa conduite fut des plus honorables. Rentré momentanément dans la vie civile, il fut nommé capitaine de la garde nationale ; mais bientôt il fut reporté sur le cadre d'activité, nommé, en 1831, lieutenant-colonel, et, le 6 janvier 1836, promu au grade de colonel, puis nommé chef de l'état major de la 12ᵉ division militaire (Nantes), et élevé enfin au rang de général.

Lorsque le général Damesme fut blessé, le général Bréa fut désigné pour prendre le commandement des troupes qui opéraient dans le 12ᵉ arrondissement. La barrière de Fontainebleau était occupée par les insurgés. Il fut décidé qu'on irait les débusquer de cette position. Le général, accompagné du représentant de Ludre, se mit à la tête d'une colonne de deux mille hommes, composée de troupe de ligne, de garde nationale, de garde mobile, d'une compagnie du génie et de deux pièces d'artillerie. Comme la garde nationale manquait de cartouches, le général en envoya chercher à la mairie du douzième par le citoyen Theil, chef de bataillon. A la mairie, on déclara qu'on n'avait pas de cartouches.

A cette nouvelle qui lui parut invraisemblable, le général Bréa transmit l'ordre de faire ouvrir les coffres de la mairie, et on y trouva effectivement plusieurs milliers de cartouches.

La colonne d'attaque se dirigea par la barrière Saint-Jacques et le boulevard intérieur, sur la barrière de Fontainebleau ; elle marchait appuyée à sa droite par le mur d'enceinte, sans rencontrer d'autre obstacle que quelques troncs d'arbres jetés en travers de la route, que le génie eût bientôt écartés sur les contre-allées.

Mais, arrivé à la hauteur de la barrière de Fontainebleau, le général se trouva en présence d'un pâté de barricades, établies en face de lui, au débouché de deux rues : à gauche, au sommet de la rue Mouffetard, et à droite, extérieurement à la grille de la barrière, qui était presque entièrement masquée par les pavés. Au-dessus de ces barricades, on n'apercevait que les drapeaux, et de temps en temps quelques têtes qui se levaient pour observer la colonne d'attaque. Un silence complet régnait des deux côtés. La colonne fit halte, les pièces se mirent en batterie.

En ce moment quatre hommes sortirent par la petite porte latérale de la barrière et s'avancèrent au-devant du général Bréa, en protestant de leur dévouement à la République et de leur sympathie pour les soldats. La guerre, selon eux, n'était qu'une sanglante erreur. Ils venaient proposer à leurs frères de la ligne de venir fraterniser sur la barricade. Le général Bréa, entraîné par ces propositions, s'avança vers la barrière. Le colonel de la mobile, Thomas, ainsi que deux chefs de bataillon de la garde nationale, un chef de bataillon d'infanterie et un capitaine d'état major, M. Armand de Mangin, officier de la plus haute espérance, voulurent l'accompagner dans cette périlleuse expédition.

Le général Bréa, homme de cœur, de dévouement et d'exaltation, espérait désarmer les rebelles rien que par la puissance de sa parole. Il parlementa avec eux, il leur serra la main à travers la grille, il cria avec eux : Vive la République démocratique, sociale ! Les insurgés lui ouvrirent alors la petite porte latérale, et l'invitèrent à venir dans leurs rangs haranguer leurs camarades. Le général franchit le seuil, le chef de bataillon de la ligne, le chef de bataillon de la garde nationale, Dupont, et le capitaine Mangin le franchirent aussi.

Le colonel Thomas et le représentant de Ludre refusèrent de suivre leur exemple. A peine le général et les trois officiers avaient-ils passé le guichet, que la porte se referma brusquement sur eux, que deux mille têtes se levèrent au-dessus des barricades, et que deux mille fusils plongèrent, du haut de ces remparts, sur la poitrine du colonel et du représentant qui, seuls, au pied des barricades, n'avaient que leur sang-froid à opposer à cette abominable trahison,

— Si vous ne faites poser immédiatement les armes à votre colonne, votre général et vous autres tous, vous êtes immédiatement fusillés, — crient de toutes parts les rebelles.

Le colonel Thomas ne perd pas sa présence d'esprit. Il parlemente pendant deux heures avec les forcenés qui le tiennent couché en joue. Pendant deux heures, il reçoit cinq billets écrits sous la pression de la menace, par le général Bréa. Le général annonce qu'il sera infailliblement massacré, si la troupe ne se rend prisonnière.

Le colonel obtient cependant de retourner, avec le représentant de Ludre, vers les soldats pour leur porter cette proposition. Il fait parvenir au général Cavaignac la nouvelle de la situation. La réponse du général fut noble et triste comme la défense de la République : « Le salut du pays avant celui des individus ; et il donna l'ordre d'attaquer la barrière.

Le colonel Thomas marcha résolument à l'assaut. Il envoya deux décharges à mitraille aux insurgés et lança la mobile sur les barricades. Or, pendant que les héroïques enfants de Paris escaladaient bravement ces remparts de pavés, la troupe de ligne, à l'aide d'une trouée pratiquée dans le mur d'enceinte, tournait les insurgés et les chargeait par derrière. Ceux-ci furent impitoyablement fusillés, et la position fut gagnée.

Ce fut alors qu'on trouva dans le corps de garde de l'octroi deux cadavres. L'un était encore reconnaissable, c'était le général Bréa ; l'autre méconnaissable, c'était le capitaine Mangin. Voici comment ils avaient été assassinés.

Aussitôt que le général Bréa se fut livré en quelque sorte volontairement à la discrétion des insurgés, aux paroles de paix qu'il leur adressa, ils ne répondirent que par des imprécations, par des menaces, et leurs violences contre sa personne se manifestèrent tout d'abord telles, qu'il n'échappa dès ce premier moment à la mort qu'en se réfugiant dans la maison des sieurs Boutin et Godefroy, barrière d'Italie, 12, où il fut suivi par un officier de la garde nationale de Paris, qui n'eut que le temps de fermer la porte derrière eux pour arrêter momentanément le flot de furieux qui se précipitaient à leur poursuite.

Peu de personnes se trouvaient dans cette maison, dont les propriétaires, les époux Godefroy, étaient en ce moment occupés au jardin. Il n'y avait pas un moment à perdre pour faire échapper le général, car les insurgés commençaient à battre la porte en brèche. Un marchand de chevaux qui se trouvait là ôta sa blouse qu'il passa par dessus l'uniforme de M. de Bréa pour le déguiser; un autre lui mit sur la tête une casquette, puis on gagna en toute hâte le jardin, où les époux Godefroy indiquèrent une partie du mur peu élevée et qu'il était facile d'escalader.

En ce moment, la porte céda sous les coups des assaillants, qui se précipitèrent comme un flot dans la maison. Le jardin fut envahi; un homme courut au général, et, le saisissant par la jambe au moment où il escaladait le mur, le força à redescendre, tandis que d'autres tiraient sur lui des coups de fusil dont il ne fut pas atteint.

L'exaltation de la foule était extrême; le général, entraîné du jardin dans la maison par des hommes qui le serraient si violemment, que plusieurs fois la souffrance lui arracha des plaintes, fut porté plutôt que conduit au deuxième étage.

Là il chercha encore à ramener les insurgés à des sentiments de paix et de conciliation; mais ce fut inutilement. Quelques-uns des chefs proposèrent de lui faire souscrire une obligation d'argent pour prix de sa liberté ; ils firent monter dans ce but du papier et de l'encre ; mais cette proposition fut rejetée, et on lui proposa seulement cette alternative :

Faire déposer les armes aux troupes placées sous son commandement, ou mourir. — j'aime cent fois mieux la mort que de me soumettre à de telles conditions ! » Telle fut la réponse du général.

Cependant l'exaspération de la foule allait croissant ; en vain le maire de la commune était accouru revêtu de son écharpe et avait cherché à calmer les plus furieux ; son autorité avait été méconnue, et il s'était même vu maltraiter. Parvenu auprès du général, il le trouva occupé à écrire une proclamation dans laquelle il disait aux insurgés que dans Paris force était restée à la loi ; que dans leur intérêt comme dans celui de l'humanité, ils devaient cesser une lutte impie ; qu'il promettait qu'aucun d'eux ne serait recherché pour les faits antérieurs, etc.

Le maire reçut de ses mains cette proclamation, descendit à l'étage inférieur pour être plus rapproché de la foule qui entourait la maison, et en donna lecture par la fenêtre du premier. Mais sa voix se perdit au milieu des cris. Après le maire, un officier de la garde nationale, M. Bussière, marchand fruitier, se montra à la fenêtre, tenant à la main l'épée du général Bréa et celle de son aide-de-camp, disant qu'ils étaient prisonniers et qu'il fallait les garder comme otages. Les cris de mort, retentissant de toutes parts, couvrirent sa voix.

Pendant cette scène, une autre non moins dramatique se passait à peu de distance. Le chef de bataillon Desmarets, du 24e léger, qui, le troisième, avait franchi la grille de la barrière, fut interpellé par les insurgés qui lui demandèrent ce qu'il voulait; et comme sa réponse fut qu'il ne voulait pas abandonner le général, il fut entouré aussitôt et traîné par eux vers l'usine à gaz pour y être fusillé. Deux dignes citoyens, MM. Dumont et Girard, anciens soldats au 6e cuirassiers, s'approchèrent alors de lui et résolurent de faire tous leurs efforts pour l'arracher à la mort qui l'attendait. Ils parvinrent non sans peine, avec l'aide de quelques honnêtes gens du quartier, à le conduire chez un marchand de vins, sans toutefois pouvoir empêcher qu'on ne lui arrachât ses épaulettes, ses vêtements, et qu'on ne lui enlevât son sabre qu'il essayait de briser.

Ces deux citoyens le firent passer dans l'arrière boutique et faisaient garder la porte par deux des leurs; mais les menaces et les cris de mort qui étaient proférés dans la première pièce leur faisaient craindre pour la vie de celui qu'ils venaient d'arracher à la mort; ils résolurent de le conduire au poste occupé par la garde nationale. La translation fut encore très-difficile : toujours les mêmes vociférations, les mêmes voies de fait, malgré la protection qu'on pouvait espérer de la garde nationale du poste, qui criait : « Pas d'assassinat ! pas de sang ! » Le poste fut presque aussitôt envahi par les insurgés, grossis par une nouvelle bande qui amenait le général, son aide-de-camp et le commandant de la garde nationale de la 12e légion, M. Gobert.

On abandonna alors le chef de bataillon pour adresser toutes les invectives et les mauvais traitements au général, et on le força à écrire plusieurs billets : le contenu du dernier portait qu'on menaçait de les fusiller tous les quatre, si dans une heure les troupes ne se retiraient pas. Il y avait à peu près cinq minutes que le porteur du billet était parti, lorsque quelques-uns des plus forcenés, craignant que leurs victimes ne leur échappent, courent jusqu'à la barrière et reviennent en criant : « A la trahison ! on nous attaque ; aux armes ! il faut les fusiller. » A cette fausse alerte, le corps de garde est soudainement évacué, le chef de bataillon d'infanterie profite du moment pour se blottir sur le lit de camp, vers une croisée fermée ; un des battants de la porte, qui était ouvert, lui offrait un abri ; le chef de bataillon de la garde nationale se glissait en même temps sous le lit de camp.

Le général et son aide-de-camp étaient restés debout presque vis-à-vis de la porte, dans le coin à droite, près d'une table ; des fusils passés par la porte et par une fenêtre ouverte firent feu ; le général est tué. En même temps l'aide-de-camp reçoit une balle dans la machoire, qui le fait tomber ; une seconde après il se relève, contenant sa figure à deux mains et poussant des cris de douleur ; c'est alors qu'un forcéné vint l'achever. Un troisième entra de nouveau, et, levant la crosse de son fusil, en asséna plusieurs coups sur le cadavre du malheureux général.

Le général Duvivier.

La perte que la République et l'armée viennent de faire dans la personne du général Duvivier ne peut s'inscrire, sur les pages funèbres de juin 1848 qu'à côté de celle du général Négrier, avec la différence, toutefois, que celle-ci semblait clore une existence où la patrie avait et depuis si long-temps puisé, qu'il ne lui restait plus beaucoup à en attendre ; tandis que l'autre vient couper une vie qui promettait encore autant de services pour l'avenir qu'elle en comptait déjà dans son passé.

Elève de l'Ecole polytechnique, Duvivier la quittait en 1814, comme lieutenant du génie, pour assister aux dernières scènes des grandes luttes européennes. Pendant le calme qui leur succéda, la dévorante activité de son esprit lui fit jeter les yeux hors de la France ; il obtint du service dans les colonies. Plus tard, il figurait en qualité de capitaine du génie dans l'expédition contre Alger, qui nous procura cette conquête ; et il levait les premiers plans qui la firent connaître à la France.

De rapides études sur ce pays neuf, une sagacité particulière à pénétrer la nature des indigènes, de vastes connaissances antérieures, une participation brillante aux premiers faits de guerre qui s'étaient accomplis, décidèrent de l'avenir du capitaine Duvivier. On lui confia la création et le commandement du premier bataillon de zouaves ; et ce fut de ses mains que sortit ce nouveau corps, destiné à jouer en Afrique un rôle si glorieux.

Ce fut en 1831 et à propos de la triste retraite de Médeah que la réputation de Duvivier commença réellement à s'étendre dans l'armée d'Afrique. La colonne se retirait par le long défilé du col (Tenyah) des Mousaïas, quand des masses ennemies l'assaillirent en queue et en flanc. L'imprévoyance, l'absence de dispositions et d'ordres supérieurs, le peu de moral des troupes qui se sentaient mal conduites, transformèrent bientôt la retraite en une déroute générale : on vit les Kabiles enhardis attaquer nos soldats corps à corps, leur arracher leurs armes et les précipiter dans les ravins. Au sein de cette panique, un homme attira sur lui l'attention de tous les gens de cœur, les rallia, leur fit occuper et défendre pied à pied une suite de positions qui couvraient le corps d'armée : celui-ci le proclama son sauveur, et l'honneur français lui fut au moins redevable d'un épisode glorieux dans cette néfaste journée.

Une fois mis en évidence, le commandant Duvivier ne devait plus cesser d'attirer les regards; il devint en peu de temps l'officier supérieur le plus considéré de toute l'Algérie. Pour donner la mesure de cette haute estime, il suffira de relater qu'au moment où se préparait l'expédition contre Bougie, le général Voirol voulut d'abord la lui confier, quoiqu'un tel commandement fût si fort au-dessus de son grade, qu'il fallut en réalité le remettre à un maréchal-de-camp. La prise de possession de Bougie, qui était ou qui paraissait devoir être l'épisode principal, se trouvant accomplie, on revint à l'idée première d'investir Duvivier des fonctions de commandant supérieur, tâche toute nouvelle alors, sans précédent, sans bases arrêtées de conduite militaire ou politique, et qui allait placer sous les ordres d'un simple chef de bataillon 3,000 hommes, puis 4,000, et même 4,500.

Pendant toute la durée de son commandement, c'est-à-dire depuis le 6 novembre 1833 jusqu'au 11 avril 1835, le colonel Duvivier soutint des combats incessants, tantôt pour dégager les abords de sa place et fonder son influence au dehors en frappant des coups vigoureux, tantôt pour se défendre contre les masses de tribus coalisées qui venaient de fondre à l'improviste sur ses ouvrages en construction ; il tenait la pioche d'une main et le fusil de l'autre. Ce fut ainsi qu'il enleva, par des sorties rapides, et réduisit en cendres les villages de Kialna, Darnassar et Gumra, foyers d'hostilités perpétuelles; ce fut encore ainsi que, condamné à une défensive absolue par l'invasion des maladies d'été de 1833, et comptant 1,100 hommes invalides, c'est-à-dire plus du quart de l'effectif, il repoussa victorieusement jusqu'à 6,000 montagnards acharnés à diverses reprises sur plusieurs petits postes extérieurs, tels que le blockhaus de la plaine et le blockhaus Salem. Un instant le premier tomba au pouvoir des Kabyles, qui égorgèrent les canonniers jusque sur leurs pièces; et, dans le second, trente hommes se virent enveloppés, durant sept heures consécutives, par une multitude furieuse et par les flammes de l'incendie : l'un et l'autre pourtant furent sauvés.

Dès qu'une saison plus favorable succédant aux chaleurs de l'été rendit à la garnison de Bougie sa vigueur et son effectif, le colonel Duvivier prit l'offensive. A son tour il porta la guerre sur le territoire ennemi en 1834, tantôt abordant le col de Thizi, tantôt battant les deux rives de la Summam et menaçant les tribus dans leurs gourbis; puis, attaqué à son retour par des forces supérieures, il opérait devant elles avec un ordre et un sang-froid remarquables des retraites en échelons qui apprenaient à nos soldats la supériorité de la discipline sur le nombre.

Le colonel Duvivier quitta Bougie par des motifs aussi honorables pour son caractère, que les actes accomplis depuis dix-huit mois l'avaient été pour ses talents. Après avoir tenté à diverses reprises d'établir des relations amicales avec les indigènes, il était resté convaincu de la duplicité de leurs chefs, et surtout des inconvénients qu'offrirait l'alliance douteuse du nommé Oulid ou Rabat. Les négociations qu'il avait rompues furent secrètement reprises par un fonctionnaire civil placé à Bougie sous ses ordres. Ce dernier en fit communiquer le sens au gouverneur-général, qui eut la faiblesse de l'encourager à l'insu du commandant supérieur. Alors, le colonel Duvivier, tout à la fois contrarié pour le fond et blessé dans la forme, exigea son rappel immédiat.

Tous les hommes soucieux de la dignité du commandement l'approuvèrent ; sous le rapport politique, les événements ne tardèrent pas à justifier ses prévisions et le grandirent encore dans l'opinion publique. Il était devenu dès lors un des rares officiers de l'armée d'Afrique dont on ne pouvait plus se passer nulle part : il fut appelé par conséquent à figurer dans les deux expéditions de Constantine.

Celle de 1836, qui échoua, lui fournit l'occasion d'un coup de main resté célèbre. Il s'agissait de déboucher à l'improviste sur le pont d'Elcantara, de le franchir sous le feu convergent des remparts, et de faire sauter la porte de la ville. Chose presque incroyable, cette entreprise si audacieuse réussit, tant elle fut menée vigoureusement ; la ville ne fut préservée que par l'existence d'une seconde porte masquée, et la sinuosité du chemin qui conduisait de l'une à l'autre. Le colonel Duvivier ne prit point une part directe à la seconde expédition de Constantine ; mais il en couvrait le siége par des manœuvres importantes autour du camp de Guelma, dont la création lui est due, et par la menace incessante qu'il savait tenir suspendue sur la tête des tribus environnantes.

La reprise des hostilités en 1839 le trouva maréchal-de-camp : une large part l'attendait dans les événements de cette période qui tiennent eux-mêmes une si grande place dans l'histoire contemporaine et sont si connus du public. Nous rappellerons que le général Duvivier fut investi du commandement supérieur de Blida, pendant que la plaine en feu et couverte de hordes arabes ne lui laissait aucune communication avec Alger, et que les Kabyles du voisinage s'y glissaient journellement par suite de leur connivence avec les indigènes de la ville. Il fallut l'habileté d'un ancien officier du génie, la prudence d'un homme de guerre consommé, et beaucoup d'expérience des ruses des indigènes pour se garantir contre toute surprise, au moyen de quelques fossés et de quelques murailles crénelées.

Mais bientôt la guerre fut portée par nous des fonds humides de la plaine aux sommets abruptes de l'Atlas. Le général Duvivier commandait cette brigade d'élite formée des zouaves et du 2e léger, qui, la première, couronna, les crêtes du Mouzaïa. L'armée entière le vit fiévreux, et ne tenant plus sur ses jambes, suivre le pas de course de nos intrépides voltigeurs en s'appuyant sur le bras d'un soldat.

Enfin, il fut chargé de l'occupation de Médéah; ce devait être le plus laborieux et le dernier de ses titres de gloire en Algérie.

Peu de temps après le général Duvivier rentrait en France, par suite d'un dissentissement regrettable qui l'enleva du théâtre qu'il avait rempli de son nom.

Enfin éclate la révolution du 24 février. Républicain de cœur et par tempérament pour ainsi dire, le général Duvivier rentre aussitôt et comme rajeuni dans les affaires publiques; il retrouve, pour organiser la garde nationale mobile, cette ardeur de conviction, cette volonté sévère qui avaient laissé leur cachet sur la création des zouaves. Les électeurs du département de la Seine l'envoient à l'Assemblée nationale. Général et représentant du pays, il prend part, à ce double titre, aux luttes sanglantes de Paris; le 15 mai, les fatales journées de juin, le trouvent toujours à son poste, toujours austère et vigilant, toujours calme autant qu'intrépide.

Le 25 juin, à l'entrée de la rue Saint-Antoine, atteint de la balle qui lui coûtera la vie, il dit en souriant : Je suis piqué! puis, il continue son service; contraint de se reposer, il descend à l'Hôtel-de-Ville sans cesser de donner des ordres et d'assurer toutes les parties du service. Enfin, cet homme de fer rentre à pied chez lui et monte les escaliers de son quatrième étage sans vouloir de secours. Mais alors la nature reprend ses droits ; une inflammation violente se déclare, accompagnée d'atroces douleurs, et le malade est transporté au Val-de-Grâce, où l'on constate avec inquiétude l'étendue des dégâts produits par cette balle qui semblait n'avoir qu'effleuré les os. Grâce à d'excellents soins, la plaie s'améliore de plus en plus ; mais la commotion éprouvée par l'ensemble du système nerveux, persiste, épuise le malade, et finit par le terrasser, après une lutte de huit jours, au milieu d'un épouvantable délire.

Telle fut cette carrière parcourue avec fermeté avec gloire, avec un rare désintéressement. Tel fut cet homme, que la patrie en deuil regrette comme un général illustre, un publiciste distingué, un sage législateur, un citoyen vertueux et dont la tombe se ferme avec un son lugubre, car celui qu'elle couvre fut un des plus dignes fils de la France, et périt d'une balle française.

Le général de Bourgon,

Le général de Bourgon, qui est mort le 30 juin dernier des suites de la blessure qu'il reçut le 24 au moment où il enlevait la barricade de la Chapelle Saint-Denis, était né à Angoulême le 26 novembre 1794.

Au mois de juillet 1813, il partait comme volontaire dans le 3e régiment des gardes d'honneur. Il fit ses premières armes à Leipsick et à Hanau. Le 11 février 1814, il assista à la bataille de Montmirail. Passé rapidement par les premiers grades, le lieutenant de Bourgon figura noblement à la prise de Reims, sous les ordres du général de France, le 13 mars 1814. Chargé d'enlever une batterie, il s'en empare et tombe blessé sur son glorieux butin. L'empereur le fit chevalier de la Légion d'Honneur sur le champ de bataille même. Capitaine au 16e dragons, il assiste à la bataille de Ligny le 16 mars 1815, dans la division du général Subervic.

En 1830, le capitaine de Bourgon fait partie du débarquement d'Alger, et concourt aux expéditions de Blidah et de Médéah.

Chef d'escadron au 12e chasseurs en 1835, il apprend que le duc d'Orléans se rend en Afrique pour conduire une expédition. Aussitôt il demande et obtient une permission de quinze jours, s'embarque à Port-Vendre et rejoint l'expédition prête à entrer en campagne. Le 4 décembre 1835, à l'attaque du bois de l'Habrah, il fait preuve d'une rare intrépidité : suivi de quelques officiers d'ordonnance et d'une poignée de voltigeurs du 17e léger, il se précipite sur l'ennemi qui est bientôt chassé de toutes ses positions.

Revenu en France après cet aventureux coup de main, il en est récompensé par le grade de lieutenant-colonel du 3e chasseurs d'Afrique, l'un des régiments qui ont droit aux plus belles pages dans l'histoire de la guerre africaine.

Nommé colonel du 4ᵉ régiment de chasseurs le 20 novembre 1839, il fit partie, l'année suivante, de la colonne chargée de ravitailler Médéah. Il prit une grande part à l'affaire du 3 mai, dans laquelle, à la suite d'une charge brillante, il mit les Arabes en déroute et leur tua quatre cents hommes. Dans les journées du 4 et du 5, le colonel Bourgon commandait en chef la cavalerie française. Il lui fut donné de se mesurer personnellement avec Abd-el-Kader, qu'il défit complétement à l'affaire mémorable de Béni-Zug-Zug. Jusqu'en 1845, il n'est pas un combat sérieux dans lequel le 4ᵉ chasseurs et son brave colonel n'aient joué un rôle glorieux.

Fait général de brigade le 20 avril 1845, il obtint le commandement du département de l'Aude. Frappé par le décret du gouvernement provisoire en date du 4 mai 1848, il se trouvait à Paris en disponibilité au moment où éclatèrent les funestes événements de juin.

Le 23 juin M. Raynal, représentant de l'Aude, le rencontra sur le boulevard comme il se rendait au combat un fusil à la main. Il lui demanda où il allait ainsi.

— Vous le voyez, répondit le général, on m'a ôté l'épée du commandement et je reprends le mousquet du soldat.

Le même jour, le général écrivit au ministre de la guerre pour se mettre à sa disposition.

Le lendemain, il obtint le commandement des troupes qui opéraient au faubourg Saint-Denis. Il avait sous ses ordres la 3e légion de la garde nationale, plusieurs bataillons de garde mobile, le 7e léger et des batteries d'artillerie. Il enleva à leur tête une barricade dans la rue du faubourg Saint-Denis, et c'est au moment où il s'élançait sur celle de la barrière qu'il tomba frappé d'une balle à la cuisse droite. Etendu à terre et baigné dans son sang, il n'en continua pas moins à donner les ordres nécessaires à l'enlèvement de la barricade.

La mort du général de Bourgon est une perte cruelle pour la France qu'il eût servie longtemps encore avec honneur.

Le général François.

Destiné à suivre la carrière des armes, M. François, après avoir fait toutes les études qui pouvaient favoriser son avancement, prit volontairement du service dans l'armée ; il franchit rapidement les premiers grades et arriva à celui de capitaine au 15e régiment de ligne, le 12 décembre 1830. Nous ne saurions énumérer ici les faits d'armes importants, les expéditions auxquels prit part ce brave officier dont les états de service dépasseraient seuls l'espace dont nous pouvons disposer ; qu'il nous suffise de dire que la faveur n'eut jamais la moindre part à son avancement.

M. François était capitaine depuis neuf ans, lorsqu'il fut nommé capitaine-adjudant-major au 41e régiment de ligne; puis il devint successivement chef de bataillon, lieutenant-colonel au 66e régiment de ligne, colonel au 11e léger, en 1842, et enfin le gouvernement républicain rendant justice au mérite et à la bravoure de cet officier supérieur, l'avait élevé au grade de général de brigade peu de temps avant le jour fatal où cet homme d'élite devait tomber sous la balle d'un de ces fous furieux qui ont couvert la France de deuil.

Dès les premiers instants de cette formidable insurrection qui ensanglanta Paris, le général François s'était empressé de se mettre à la disposition du ministre de la guerre. Vers le milieu du jour, le 23, à la tête de la garde nationale et d'un fort détachement de la ligne, le général attaquait la formidable barricade de la rue Saint-Maur; cette barricade était une véritable forteresse, défendue par un nombre considérable d'insurgés parfaitement retranchés. On jugea nécessaire de faire avancer une pièce de canon; mais en un instant presque tous les artilleurs furent tués sur leur pièce, qui se trouva abandonnée; une autre arriva, qui parvint à faire taire en partie le feu des insurgés. C'est en ce moment que le général, atteint d'une balle, tomba. Toutefois il ne perdit point connaissance, et il continua à donner des ordres ; mais le sang qu'il perdait l'ayant affaibli, force lui fut de quitter le champ de bataille. Deux heures après, cet événement était annoncé à l'Assemblée nationale ; le lendemain, le brave général était mort !

Le général Regnault.

Après s'être distingué en Afrique comme capitaine d'état major, M. Regnault, dont les talents militaires promettaient un officier supérieur d'un grand mérite, fut nommé chef de bataillon aux zouaves en 1839 ; deux ans après il était lieutenant-colonel au 6e léger. En 1844, le 11 novembre, il était appelé au commandement du 48e régiment de ligne qui n'avait presque pas quitté l'Afrique depuis la prise d'Alger où il s'était particulièrement distingué.

Rentré en France en 1845, M. Regnault vint occuper avec son régiment la caserne de Reuilly dans le faubourg Saint-Antoine, où pendant le rude hiver de 1846, lui et ses soldats s'imposèrent des privations pour distribuer chaque jour des vivres aux nombreux ouvriers sans ouvrage de ce quartier. De Paris, le colonel et son régiment furent envoyés à Mézières, puis ils furent rappelés dans la capitale après les événements du 15 mai 1848. A cette époque, le 48e fut désigné pour occuper les cantonnements de Romainville ; mais, sur la demande des habitants du faubourg Saint-Antoine reconnaissants des bienfaits du régiment et de son chef, ces braves vinrent reprendre possession de la caserne de Reuilly.

Le 22 juin 1848, M. Regnault fut nommé général de brigade, juste récompense de ses longs et brillants services. Le lendemain, 23 il reçut de bonne heure l'ordre de se porter sur l'Hôtel-de-Ville avec le 48e, dont il avait conservé le commandement. Pour sortir du faubourg Saint-Antoine, le régiment fut obligé de franchir plusieurs barricades ; et les officiers supérieurs durent abandonner leurs chevaux. Arrivé à l'Hôtel-de-Ville, le régiment fut successivement dirigé sur plusieurs des points où se livraient les combats les plus meurtriers, et tantôt seul, tantôt avec les gardes nationale, mobile, républicaine et d'autres corps, mais toujours commandé par M. Regnault, il enleva les barricades du pont de l'Hôtel-Dieu, du quartier Saint-Jacques, de la place Baudoyer, de la rue Saint-Antoine.

A l'entrée de cette dernière rue, un insurgé ayant été pris les armes à la main par des soldats du 48e, ces derniers qui comptaient déjà douze officiers tués ou blessés, et dont l'exaltation était extrême, se disposaient à le fusiller lorsque le général Regnault s'avança pour le sauver ; au même instant le général était atteint d'une balle partie d'une fenêtre, et il tombait pour ne plus se relever. C'est ainsi qu'il paya de sa vie le noble mouvement de générosité qui le portait à sauver celle d'un misérable, et qu'après avoir été respecté par le feu et le fer ennemi, il recevait la mort de la main d'un assassin.

GÉNÉRAUX BLESSÉS.

Non-seulement l'armée a perdu les généraux Bréa, Négrier, Regnault, Bourgon, François et Duvivier, mais elle a failli perdre aussi le général Damesme, les généraux Bedeau, Korte, Lafontaine, Foucher, qui ont reçu, en attaquant les barricades, des blessures plus ou moins graves. Le général Damesme a reçu une balle à la cuisse au moment où il franchissait la deuxième barricade de la rue de l'Estrapade. Relevé tout sanglant il a conservé assez de sang froid et de calme pour donner ses derniers ordres et a traversé les rangs de la garde mobile en criant : Vive la République ! et en engageant les jeunes volontaires à montrer jusqu'à la fin le même dévouement. On a été obligé de lui couper la cuisse par désarticulation. L'opération a heureusement réussi. Pourrai-je encore monter à cheval? a-t-il demandé lorsqu'elle a été terminée. — Sans doute lui a répondu son médecin. — Eh bien, Vive la République ! s'est écrié le brave militaire.

Le général Lamoricière a eu deux chevaux tués sous lui. La garde nationale a fait aussi des pertes considérables. Le général Clément Thomas a été blessé de deux coups de feu à la rue Culture-Sainte-Catherine. Parmi les morts, on compte les chefs de bataillon, M. Lefebvre (2e légion), M. Duffie (1re légion), M. Masson (11e légion)

Le 25 juin, M. Charbonnel, représentant du peuple, accompagnait le général Négrier à l'attaque du faubourg Saint-Antoine ; il fut blessé à mort par la décharge qui tua le général Négrier ; tombé à quelques pas et en même temps, M. Charbonnel avait aussitôt jugé que le coup qui l'avait frappé était mortel. Il reconnut son collègue, M. de Vogué, lui remit son portefeuille et lui confia quelques volontés avec une sérénité admirable. Dès que les deux autres représentants eurent fait connaître à l'Assemblée le double malheur dont ils venaient d'être témoins, l'abbé Sibour, également membre de l'Assemblée, s'élança aussitôt du palais Bourbon sur la route de la Bastille, pour aller offrir aux deux victimes les secours de son ministère. Lorsqu'il parvint sur les lieux, le dévouement était devenu inutile : le général Négrier n'existait plus, et M. Charbonnel venait d'être transféré, à l'abri de tout péril, dans le sein d'une famille amie, où il a rendu le dernier soupir, entouré des soins les plus assidus.

FIN.

www.ingramcontent.com/pod-product-compliance
Lightning Source LLC
Chambersburg PA
CBHW060704050426
42451CB00010B/1264